VERLAG
ROBERTO & PHILIPPO

ISBN: 978-3-940503-75-6
Druck: Westermann Druck, Zwickau
Lektorat: Claudia Rendenbach, München
Umschlaggestaltung / Satz innen: Ulrike Bürger, Wörthsee
Foto Titelseite: Brigitte Sporrer, München

2. Auflage 2009

ROBERT BETZ

Der kleine Führer zum
großen Erfolg

VERLAG
ROBERTO & PHILIPPO

Vorwort

In diesem Bändchen findest du Schlüsselgedanken für ein glückliches und erfolgreiches Leben. Betrachte die Sammlung wie eine Schatulle, die du öffnest – und ein Geschenk liegt vor dir. Halte dich nicht unbedingt an die Seitenfolge, sondern wähle spontan einen Satz – und gib ihm Raum, in dir zu wirken. Jeder Satz ist ein Same, der in dir aufgehen kann wie eine herrliche Rose.

Worte sind Energie, sind Nahrung. Lass dich nähren, inspirieren, bereichern. Wenn dein Herz einem

Satz zustimmt, dann nimm ihn und lebe ihn. Es wird nicht lange dauern und du wirst spüren: „Es wirkt. Es tut sich etwas in mir und meinem Leben." Wehrt sich dein Kopf gegen einen Satz, dann spüre hinein. Welche Gedanken löst er aus? Schreibe sie auf und gehe schwanger mit ihnen. Sie werden Neues in dir gebären.

Lebe mit den Worten, dann bist du das lebendig gewordene Wort.

Einführung

Das Leben des Menschen will und kann verstanden werden. Es kommt darauf an, wie wir die Dinge betrachten. In unserem Leben geht es immer um Energie, denn wir sind Energie und wir verändern ständig die Energiezustände in uns und um uns herum. Unsere Gedanken, unsere Gefühle, unsere Handlungen sind Energien, mit denen wir ständig unsere Welt verändern. Nur tun wir dies fast immer unbewusst. Darum leiden so viele Menschen, weil Unbewusstheit immer zu Leiden führt. Wir wissen nicht, was wir tun. Wir fliegen zum Mars, haben aber keine Ahnung, wie Gefühle entstehen und verändert werden, wie Konflikte entstehen und wie Frieden hergestellt wird. Wir liegen im Krieg mit uns selbst und vielen Mitmenschen, weil wir gelernt haben, uns selbst abzulehnen. Ja, in den meisten Menschen steckt tief innen Selbsthass. Die Selbstunliebe ist – neben der Unbewusstheit – der Verursacher des Leidens. Wer sich selbst nicht liebt, produziert Leidenszustände im Innen wie im Außen. Wer sich selbst nicht liebt, kann auch andere nicht lieben.

Alles in unserem Leben spiegelt unser Verhältnis zu uns selbst wider. Darum ist die Liebe das Wesentliche in unserem Leben. Mein Herz sagt, dass unsere wahre Natur Liebe ist. Dies haben wir vergessen, aber wir können uns wieder daran erinnern. Das Leben des Menschen ist ein Prozess des Wieder-Erinnerns an seine wahre göttliche Liebesnatur.

Wir kommen hierher und werden trainiert in trennendem, lieblosem Denken. Wir werden angeleitet, schlecht über uns selbst zu denken und uns abzulehnen. All das in uns Abgelehnte lehnen wir dann auch an anderen ab – und verurteilen sie dafür. Das Verurteilen ist eine zutiefst menschliche Angelegenheit; kein Tier, kein Baum kann das. Alle Mangelzustände – im Materiellen wie im Geistig-Psychischen – entstehen aus Verurteilung, weil sie Dinge und Menschen trennt und teilt, die zusammengehören. Denn die Wahrheit heißt: Alles ist EINS, es gibt keine Trennung im Universum. Unser Herz weiß das. Wer aber den Verstand zum Chef gemacht hat, ignoriert diese Wahrheit und muss (noch) leiden.

Unser Leben ist gedacht als ein Weg aus Unbewusstheit zu Bewusstheit, aus

Unfreiheit zu Freiheit, aus Begrenzung in die Ausdehnung, aus der Angst in die Liebe. Das Ziel unseres Lebens ist es, zu erkennen und zu lieben: Uns selbst, alles andere, das Leben. Und zu begreifen, dass Gott eins ist mit der Liebe. Gott ist Liebe, wir sind Liebe in ihm, denn es gibt keine Trennung zwischen uns und Gott. Er ist mitten in uns, spricht ständig zu uns – besonders durch unsere täglichen Erfahrungen. Wir alle atmen in dem einen großen Ganzen, das wir Gott nennen. Er sagt: „Schau doch hin, wie du dich täglich selbst verletzt, dich klein machst, dir die Würde nimmst. Wähle neu! Wähle es, zu lieben!“ Wer sich selbst nicht würdigt und liebt, den können andere auch nicht ehren und achten. Der fordert sie auf zu Missbrauch und Verletzung.

Der Sinn des Lebens ist es, dies mit dem Herzen zu erkennen – nicht nur mental – und die Liebe zu leben, die wir sind. Dann gehen wir einmal glücklich aus diesem Körper und wissen: Es war eine interessante und spannende Erfahrung, am Anfang schmerzhaft, am Ende glorreich. Dann können wir sagen: „Danke, danke, danke!" Dann war unser Leben ein wahrer Erfolg!

Sei ein Erfolg!

Willst du Erfolg haben oder willst du ein Erfolg sein? Das Haben folgt dem Sein, nicht umgekehrt. Sei ganz du selbst, folge deinem Herzen – ohne Kompromisse –, dann bist du ein Erfolg – jeden Tag. Erfolg im Außen ist das, was auf dein Sein – dein Bewusst-Sein – erfolgt.
Wie innen, so außen.

Sei präsent!

Bist du präsent? Bist du anwesend bei dem, was du tust? Oder verlierst du dich im Denken? Bewusstheit, Achtsamkeit, Gegenwärtigkeit sind Schlüssel zum Erfolg. Denn nur im Jetzt präsentiert dir das Leben seine Präsente. Nur in der Gegenwart bist du in der Lage, zu empfangen.

Schaffe Klarheit!

Weißt du, was du willst hier in deinem Leben? Die meisten Menschen wissen es nicht. Wenn du dazugehörst, bitte um Klarheit und akzeptiere die Unklarheit jetzt. Frage dich: „Was soll das Wichtigste sein in meinem Leben? Für was will ich leben? Worauf will ich mich konzentrieren?“ – und folge der Antwort aus deinem Innern. Entscheide dich, alles Unklare in deinem Leben in Klarheit zu verwandeln.

Würdige dein Leben!

Übernimmst du die Verantwortung für dein bisheriges Leben? Du warst Schöpfer, bist Schöpfer und wirst immer Schöpfer sein. Würdige, anerkenne und segne all deine Schöpfungen und nimm deine Urteile zurück. Du hast es so gut gemacht, wie du konntest. Vergib dir selbst! So gibst du dir die Würde zurück, die du dir selbst genommen hast.

Sei Schöpfer, kein Opfer!

Willst du Schöpfer sein oder weiter Opfer spielen? Opfer sein heißt, unbewusst zu erschaffen. Werde bewusst, sprich bewusst und handle bewusst. Wer unbewusst erschafft, macht sich zum Opfer und ruft die Täter auf den Plan. Sei bewusster Schöpfer deines Lebens und lehne jedes Opferbewusstsein ab. Gehe in deine Schöpferkraft!

Nimm deine Macht in Besitz!

Wer Macht ablehnt, wählt Ohnmacht. Du bist von Natur aus ein machtvolles Wesen, ausgestattet mit grenzenloser Schöpferkraft. Wenn du diese Macht ablehnst, gibst du sie an andere ab. Dies erzeugt Ohnmacht und Wut in dir. Macht ist nicht gut, ist nicht schlecht – Macht ist. Das Leben sagt dir jeden Tag: „Mach was aus mir! Nutze deine Macht als Schöpfer! Nicht gegen jemanden, sondern für dich und für alle!“

Verbinde Macht mit Liebe!

Macht mit Liebe erschafft Gutes, Konstruktives, Schönes – wahren Erfolg. Macht ohne Liebe wirkt zerstörend, trennend, verzerrend – und muss scheitern. Sei in der Macht! Sei in der Liebe! Liebe ist die größte Macht im Himmel und auf der Erde.

Erkenne den Schatz, der du bist!

Selbst-Wertschätzung, Selbst-Anerkennung und Selbst-Liebe heißen die Schlüssel zu Fülle und Erfolg. Wer sich selbst wertschätzt und liebt, erkennt die Schätze im Außen und empfängt.

Vergib dir selbst!

Alle Selbstverurteilungen haben wir von anderen übernommen. Du wurdest kritisiert, also hast du dich selbst kritisiert. Dir wurde die Liebe entzogen, also hast du es selbst auch getan. Man hat dich bestraft, daraufhin hast du dich selbst bestraft. Wähle jetzt neu! Vergib dir selbst und öffne dein Herz für dich. Sei dir selbst Freund, Vater, Mutter, Bruder, Schwester, Geliebter, Berater.

Lobe dich selbst!

Lobe dich selbst – jeden Tag. Schenke dir Lob. Du bist ein mutiges Wesen und du folgst deiner Sehnsucht. Eigenlob stinkt nicht, es duftet nach Liebe, nach Schönheit und nach Klugheit. Selbstlob ist Selbstliebe.

Sei stolz auf dich!

Du hast allen Grund, stolz zu sein auf dich. Denn du hast Schwerstarbeit geleistet, heftigste Erfahrungen gemacht – Erfahrungen der Angst, der Ohnmacht, der Abhängigkeit, der Getrenntheit, der Einsamkeit, der Lieblosigkeit – und du hast das alles überlebt. Und du hast es zu jedem Zeitpunkt so gut gemacht, wie du konntest.

Gehe in Empfangsbereitschaft!

Bist du bereit, zu empfangen? Fühlst du dich wert, zu empfangen? Öffne deine Hände und sage: „Ich nehme alle Geschenke des Lebens liebend und dankend an. Ich darf empfangen. Ich empfange.“

Achte auf Qualität in allen Dingen!

Die Natur ist immer in höchster Qualität. Mache Qualität zu deinem Maßstab in allen Lebensbereichen, im Innen wie im Außen. Denn Qualität zieht Qualität an. Liebe Qualität im Kleinen wie im Großen. Erhebe Anspruch auf das Beste – sei anspruchsvoll.

Öffne dich dem Reichtum des Lebens!

Das Leben, die Natur – alles ist Fülle, ist Überfluss, ist Reichtum. Es gibt für alle mehr als genug. Jeder Mangel ist Menschenwerk. Öffne dich dem Reichtum des Lebens – im Kleinen wie im Großen. Denn das Leben will dich jeden Tag beschenken.

Gib den Kampf auf!

Du hast lange genug gekämpft. Damals als Kind musstest du kämpfen, um zu überleben. Das war angemessen. Heute ist Kampf unangemessen. Denn wer kämpft, macht sich immer zum Opfer. Wer kämpft, braucht Gegner. Und der Gegner ist immer der Täter und wir sind das vermeintliche Opfer. Ersetze den Kampf durch die Kraft der Hingabe an das Leben, an die Liebe.

Genieße es, zu atmen!

Einatmen heißt Empfangen, Ausatmen heißt Loslassen. Was von beidem fällt dir noch schwer? Atme tief und sanft, erforsche deinen Atem und mache dein Atmen zum Genuss-Atmen. Spüre, dass du geatmet wirst; denn das Leben, Gott, atmet dich. Atme dich hinein in den Rhythmus des Lebens, den du überall findest, und du spürst, dass dich das Leben trägt.

Folge der Stimme deines Herzens!

Die Stimme deines Herzens ist die Stimme Gottes in dir. Folge ihr. Achte auf Stimmigkeit, auf das, was für dich stimmt und was nicht stimmt, was mit deinem Herzen nicht in Harmonie ist. Und bringe dein Herz zum Singen. Dein Herz will singen.

Versöhne Herz und Verstand!

Wem folgst du in deinem Leben, deinem Verstand oder deinem Herzen? Dein Verstand ist die Stimme der Angst, dein Herz ist die Stimme der Liebe. Mach dein Herz zum Chef in dir und deinen Verstand zum Diener. Dein Herz ist verbunden mit dem All-Wissen, dein Verstand ist die Stimme der Vergangenheit. Lerne wieder, mit dem Herzen zu denken und mit dem Verstand zu fühlen.

Lebe ein verrücktes Leben!

Der Normalmensch will nicht verrückt sein. Rücke ab von dem, was man tut und was man nicht tut und gehe deinen ganz eigenen Weg. Und lass die anderen ihrer Wege ziehen, ohne sie zu verurteilen. Lebe dein ver-rücktes Leben. Habe Mut zur Einzigartigkeit, denn du bist ein Unikat, ein Juwel.

Gib deine Freiheitserklärung ab!

„Meine lieben Mitmenschen: Ihr dürft denken und sprechen über mich, was ihr wollt. Und ich zahle es euch nicht mit gleicher Münze heim. Ich gehorche nur meinem Herzen. Ich gebe mir selbst Anerkennung, Wertschätzung und Liebe. Ich folge meinem ganz eigenen Weg. Und ich wünsche euch, dass ihr das ebenfalls tut.“

Kläre deine Geisteshaltung!

Wes Geistes Kind bist du? Welche Energien strahlst du aus in die Welt? Welche Qualität, welchen ‚Duft' haben deine Gedanken, Worte, Gefühle und Handlungen? In welche Richtung veränderst du jeden Tag deine Welt? Bist du ein Kind des Friedens und der Freude, der Vergebung und der Verbindung?

Mach dein Denken zum Danken!

Mache dir jeden Tag bewusst, was dir das Leben alles schenkt, vom Kleinen bis zum Großen: Dein Atmen, dein Fühlen, dein warmes Bett, die Dusche, den Kühlschrank, dein Auto, deine Beine, deine Arme, dein Sprechen, dein Denken, deine Begegnungen … Sei voller Dankbarkeit. Danke und sei reich. Mach dein ganzes Denken zum Danken.

Jeder Tag – ein neues Leben!

An jedem Morgen erhältst du ein großartiges Geschenk: Ein neues Leben. Mache dir dies bewusst. Und lebe jeden Tag, als sei es der einzige Tag in deinem Leben. Koste ihn aus mit Bewusstheit. Dann wirst du einmal glücklich aus deinem Körper gehen.

Folge der Freude!

Was deinem Herzen Freude macht, stimmt. Darum folge in allem der Freude deines Herzens. Gott/Göttin in dir will sich durch dich freuen, denn Gott ist eine Ist-Heit, die sich immer in Freude befindet.

Nimm dir deine Zeit!

Zeit ist kein knappes Gut. Du hast genug Zeit, wenn du tust, was du wirklich willst. Was machst du in deiner Zeit? Verschwendest du sie für Ablenkung und Schmerzbetäubung? Oder genießt du es, Zeit zu haben? Schenkst du dir selbst und anderen Zeit im Zuhören, im Da-Sein?
Sei in der Zeit und du hast viel Zeit. Du kannst aus jedem Tag drei oder vier Tage machen, wenn du gegenwärtig bist.

Mach dir keine Sorgen – lebe!

Sich zu sorgen, ist eine alte Gewohnheit der Angst. Sich Sorgen zu machen, bedeutet geistige Umweltverschmutzung. Keine einzige Sorge hat dir bisher etwas gebracht. Vertraue! Du wirst gut geführt. Gehe Schritt für Schritt und tue das, was jetzt ansteht. Und mach es, so gut du kannst. Sage: „Ich liebe das Leben und das Leben liebt mich.“

Erkenne deine Unschuld!

Du hast gelernt, dich schuldig zu fühlen und dich zu schämen. Als Kind hat man dir jeden Tag gesagt, du seist nicht in Ordnung, wie du bist. Das ist nicht wahr! Du bist ein unschuldiges, sündenloses, heiliges göttliches Wesen und wirst es immer sein. Sei bereit, dich hieran wieder zu erinnern.

Schließe Frieden mit deiner Vergangenheit!

Wer mit Personen und Ereignissen der Vergangenheit noch im Unfrieden ist, wer noch nicht verstanden und vergeben hat, der trägt schwer an ihr und lebt noch in ihr. Du kannst die Vergangenheit nicht loslassen. Die Vergangenheit lässt dich los, wenn du Frieden machst mit allem und allen. Das bringt dich in die Gegenwart. Und nur in der Gegenwart spielt das Leben.

Nimm an, was jetzt ist!

Nimm an, was sich jetzt zeigt in deinem Leben. Denn alles, was sich zeigt, hat seine Berechtigung. Sonst wäre es nicht da. In allem liegt Sinn und Bedeutung. Das Leben ist immer sinnvoll; es gibt nichts Sinnloses, nur für deinen Verstand. Das Herz erkennt in allem einen Sinn. Sage dir: „Alles in mir und in meinem Leben darf jetzt da sein." Denn es ist ja schon da und sehnt sich nach deiner Annahme.

Nimm dein NEIN zum Leben zurück!

Einst hast du begonnen, NEIN zu sagen zum Leben auf Mutter Erde, weil es hart war. Dieses NEIN will zurückgenommen werden, weil es nur Widerstand und Schmerz erzeugt. Entscheide dich neu. Nimm dein NEIN zurück und sage JA zu dir, zum Leben, zu Allem-was-Ist. Das bringt dein Leben in Fluss.

Wandle dein NEIN zum JA!

Alles, wozu du NEIN sagst, was du verurteilst oder bekämpfst, das ermächtigst du. Du gibst ihm Macht über dich. Es klebt dir am Bein und es kann nicht gehen aus deinem Leben, weil du es ablehnst. Die Natur kennt kein NEIN, nur Hingabe und Annahme. Das würdigende JA ist das Lösungsmittel, das die Dinge in Fluss bringt.

Nimm an und erkenne!

Viele fragen: „Warum? Wozu der Schmerz, wozu das Leid, der Mangel, die Ungerechtigkeit?“ Aber dieses „Warum?“ ist in Wahrheit ein NEIN. Sie wollen gar keine Antwort hören, sie sagen eigentlich: „Ich will nicht, dass dies da ist!“ Den Sinn kannst du erst dann erkennen, wenn du dich dem Gedanken öffnest, dass es einen Sinn gibt. Erst Annahme, dann Erkenntnis.

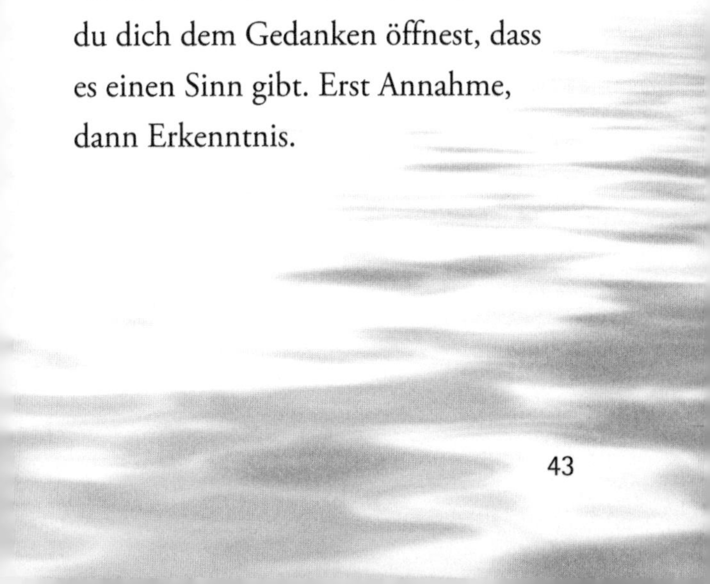

Erkenne den Sinn deines Lebens!

Der Sinn deines Lebens ist der, den du ihm gibst. Hast du ihm schon einen gegeben? Wozu stehst du morgens auf? Wozu lebst du dein Leben? Wartest du noch auf den Meister, den Astrologen, den Therapeuten, der dir deinen Sinn vermittelt?
Der Sinn deines Lebens ist, dass du deinem Herzen folgst und Freude hast am Mensch-Sein. Einfach Freude.

Fühle deine Gefühle – bejahend!

Gedanken erschaffen Gefühle. So hast du seit deiner Geburt viele Gefühle erschaffen und dann gelernt, sie abzulehnen. Angst, Wut, Trauer, Scham, Schuld, Ohnmacht u.a. Diese Gefühle können dich nicht verlassen, solange du sie ablehnst und nicht bereit bist, sie bejahend zu fühlen. Nimm dir Zeit für all deine unangenehmen Gefühle und fühle sie atmend, neugierig, erforschend, beobachtend und annehmend.

Entscheide dich neu!

Die Macht der Entscheidung ist uns geschenkt. Du hast freie Wahl! Entscheide dich bewusst – für was auch immer. Entscheide dich, wie du deinen Tag leben willst, wer du sein willst, wie du dir selbst und anderen begegnen willst. Sich nicht bewusst zu entscheiden, ist auch eine Entscheidung. Dann entscheidet dein Unbewusstes. Du kannst dich nicht drücken. Entscheide dich und lebe deine Entscheidung!

Denke neu über dich selbst!

Was denkst du über dich als Frau oder als Mann, über deinen Lebenslauf, deine Erfahrungen, deinen Körper, deine Schönheit, deine Gefühle, dein Potential, deinen Wert und deine Güte? Mach dir deine Gedanken bewusst und überprüfe sie mit der Frage: „Ist das wirklich wahr?“ Und horche auf dein Herz. Wie du denkst über dich, so begegnen dir die anderen. Entscheide dich für ein neues Denken über dich!

Bring Ordnung in dein Leben!

Ordnung ist das erste Gesetz des Himmels. Erkenne die Unordnung in deinem Leben, in deinen Gedanken, in deinen Beziehungen, in deinen Angelegenheiten. Und entscheide dich für Ordnung und Klarheit – auch in deinem Keller, deinen Schubladen, deinen Geldangelegenheiten. Befreie dich von altem Ballast, auch in deinem Kleiderschrank. Entmülle dich im Innen wie im Außen. Wie innen, so außen – wie außen so innen!

Höre auf, dich aufzuopfern!

Wer sich aufopfert, geht leer aus – und erzeugt Schuldgefühle im anderen. Aufopfern hat nichts mit Liebe zu tun, sondern mit eigenen Schuldgefühlen. Sorge zunächst gut für dich selbst und mache dich glücklich. Das ist der größte Liebesdienst an deinen Nächsten. Sie werden dir folgen!

Liebe das Geld!

Wie denkst du über Geld? Geld ist weder gut noch schlecht. Geld ist. Und es hilft uns, unser Leben zu organisieren. Wenn du das Geld nicht liebst, gibt es keinen Grund, warum es dir zufließen und bei dir bleiben sollte. Wenn du Schulden hast, kümmere dich um deine Schuldgefühle, deine Selbstabwertung und dein Mangeldenken.

Arbeite mit Liebe!

Wer nicht mit Liebe arbeitet, der geht leer aus. Wer seine Arbeit hasst, der wird sie los. Nur was du liebst, kann bei dir bleiben. Nur was du liebst, das besitzt du. Tue also das, was du tust, mit größter Liebe und Achtsamkeit und so gut, wie du es kannst.

„Arbeit ist sichtbar gemachte Liebe."

(K. GIBRAN)

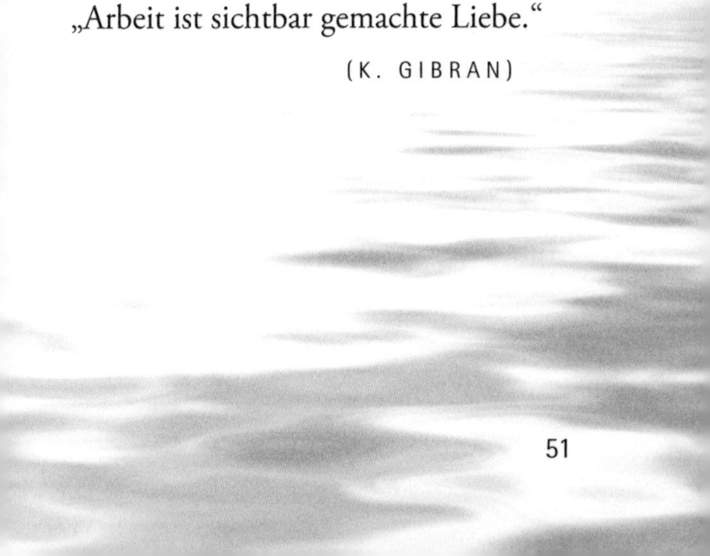

Sei das Original, das du bist!

Die meisten Menschen werden als Original geboren und sterben als Kopie. Sie laufen den anderen hinterher, ahmen sie nach und erforschen nicht, was ihr Herz ihnen rät. Finde dein Eigenes in dir, das einzigartige Original und lebe es! Folge den Impulsen deines Herzens und mache dein eigenes Ding hier in diesem Leben.

Erfülle nur deine eigenen Erwartungen!

Du bist nicht hier, um die Erwartungen anderer zu erfüllen, auch nicht die Wünsche deiner Eltern. Löse dich davon und gib sie ihnen zurück. Verrate nicht weiter dein Herz, sondern höre auf seine Stimme. Es ist die Stimme Gottes in dir.

Bring dein Herz zum Singen!

Dein Herz will singen, jubeln, tanzen. Dafür bist du hier. Folge der Stimme deines Herzens, denn es ist die Stimme Gottes in dir. Über dein Herz spricht er zu dir. Wann beginnst du zu hören?

Werde zum Beobachter!

Du bist nicht dein Körper, nicht deine Gedanken und auch nicht deine Gefühle. Du bist weit mehr. Nimm inneren Abstand von deinen Gedanken, deinen Gefühlen, deinem Körper – und beobachte. Wenn etwas auftaucht, was dich stört, sage: „Interessant, dass dies jetzt auftaucht. Ich will es wahrnehmen und beobachten." Oder: „Interessant, wie ich das in mein Leben gezogen habe." Wer beginnt, zu beobachten, macht den ersten Schritt in die Freiheit.

Sei du selbst!

Mache keine Kompromisse mehr mit deinem Herzen!
Horche auf dein Herz und folge ihm. Seine leise Stimme spricht ständig zu dir. Nimm dir Zeit und Ruhe, ihr zu lauschen. Dein Herz ist der beste Führer für dich, denn dein Herz ist ‚online' mit Gott verbunden.

Löse dich aus der Sucht nach Liebe!

Kein Mensch kann deine Sehnsucht erfüllen. Niemand kann deinen Hunger stillen, außer du selbst – mit deiner Liebe zu dir. Spüre deine Bedürftigkeit, deinen Hunger, deine Sehnsucht. Es ist das Kind in dir, das auf dich und deine Liebe wartet. Deine Liebe nährt und sättigt. Gib dir reichlich davon.

Erkenne deine Geist-Natur!

Du bist von Natur aus Geist, Spirit, zurzeit verbunden mit einem menschlichen Körper. Ein geistiges Wesen, das zurzeit menschliche Erfahrungen macht. Weil dies dein freiwilliger Entschluss war. Wir kamen hierher, um intensivste Gefühlserfahrungen zu machen.

Sieh die Geschenke!

Entdecke, was das Leben dir jeden Tag schenkt. Im Kleinen wie im Großen. Das Leben will dich nur beschenken. Und das Leben selbst ist das größte Geschenk. Du bist eine Beschenkte, ein Beschenkter.

Gehe nach innen!

Wer nicht nach innen geht, der verpasst das Leben und geht leer aus. Lebe von innen nach außen, nicht umgekehrt. Das Außen ist nur der Spiegel deines Inneren, aber nicht wirklich. Gehe immer wieder nach innen, in die Besinnung, in die Meditation, in die Erforschung.

Säe, was du zu ernten wünschst!

Was du heute hinausgibst in die Welt, das kehrt zurück zu dir. Welche Gedanken schickst du hinaus – über dich, über die anderen, über das Leben? Das, was du denkst, wirst du fühlen. Das was du fühlst, zu dem wirst du.

Kümmere dich um deine Gedanken!

Beobachte deine Gedanken und schreibe sie auf. Untersuche sie auf Wahrheit oder Unwahrheit. Ist das wirklich wahr, was du denkst über dich und die anderen? Wie reagiert dein Körper auf deine Gedanken? Zieht er sich zusammen, ist der Gedanke nicht wahr. Dehnt er sich aus, ist er wahr.

Sei ein Liebender!

Frage nicht: „Wo bekomme ich Liebe?“ Sei selbst ein Liebender. Verschenke deine Liebe und habe Freude daran. Denn das Lieben selbst erfreut dein Herz und nährt dich. Es ist nicht wichtig, ob die anderen dich lieben. Das einzig Wichtige ist, dass du liebst. Sei Liebe, denn du bist Liebe.

Klammere dich an nichts!

Versuche nicht, ängstlich festzuhalten – weder Dinge noch Menschen noch schöne Zeiten. Genieße alles, aber klebe nicht daran. Denn alles fließt. Wer festhält, erzeugt Leiden. Du kannst nur das wirklich besitzen, was du liebst. Und die Liebe lässt immer frei und los. Das ist Freiheit, ist Reichtum.

Diene deinen Mitmenschen!

Wem dient das, was du hier tust und bist? Bist du ein Gewinn für die Menschheit? Hebst du die Energie? Was schenkst du den anderen? Bist du ein Quell der Freude, des Mitgefühls, des Trostes, der Erkenntnis? Ist es eine Freude, dir zu begegnen? Bist du ein Gewinn für die Menschheit?

Spiel dich durchs Leben!

Nimm das Leben nicht so ernst. Mache ein Spiel daraus. Denn das Leben ist als ein Spiel gedacht. Spiele, tanze, lache und freue dich am Augenblick. Mache selbst deine Arbeit zum Spiel. Öffne dich der spielerischen Leichtigkeit. Denke daran: Es ist alles nur ein Spiel. Wer sich anstrengt, hat das Wesentliche noch nicht verstanden.

Wähle neu!

Wenn du spürst, dass etwas nicht mehr stimmt in deinem Leben, triff eine neue Wahl. Du kannst das. Glaube nicht deinem Verstand, der dir einflüstert: „Ich habe keine Wahl!“ Wähle immer wieder neu. Denn die Freiheit der Wahl ist ein Gottesgeschenk.

Sei großzügig!

Geiz ist nicht geil, sondern blöd. Gib reichlich – dir selbst und anderen. Was du anderen gibst, das gibst du dir. Lebe die Fülle und die Fülle fließt dir zu. Geben ist Empfangen, Empfangen ist Geben.

Sei nicht gut – sei wahrhaftig!

Wer ein guter Mensch sein will, sagt zum Leben: „Ich bin nicht gut genug, ich bin schlecht.“ Das ist eine Erklärung, die Folgen hat. Deine Erfahrung wird dir dein Schlecht-Sein bestätigen. Und du wirst weiter Scham erzeugen.

Lebe und liebe das Schwach-Sein!

Wer nur stark sein will, muss scheitern. Wer schwach sein kann und sich seiner Schwäche nicht schämt, ist wirklich stark. Erlaube dir deine schwachen Seiten und öffne dein Herz für sie. Erlaube dir Verletzlichkeit, nimm Hilfe an, schütte dein Herz aus. Wer die Schwäche ablehnt, den muss das Leben in die Schwäche zwingen, aus der Senkrechten in die Waagerechte – spätestens am Ende des Lebens als Pflegefall.

Genieße dein Allein-Sein!

Im Allein-Sein liegt dein Schlüssel zum Glück. Nur im Allein-Sein kannst du dir selbst begegnen und deine Wahrheit finden. Nimm dir Zeit zum Allein-Sein. Eine Stunde am Tag, einen halben Tag in der Woche, ein Wochenende im Monat und zwei Wochen im Jahr – nur Du mit dir allein.

Mache Frieden mit den Eltern deiner Kindheit!

Die Eltern deiner Kindheit sind die größten Türen in deine Freiheit. Mache Frieden mit ihnen und mit deiner Kindheit. Erkenne: Sie konnten nicht anders und haben ihr Bestes gegeben. Nimm deine Urteile zurück und erkenne ihren Beitrag zu deinem Erwachen.

Danke allen Ex-Partnern und würdige sie!

Du hast noch nie einen falschen Partner gehabt. Jeder war wichtig und richtig. Jeder war ein Spiegel deiner Beziehung zu dir selbst. Würdige ihren Beitrag zu deinem Wachstum und ehre sie. Du hast sie gebraucht. Wenn du sie nicht ehrst, nimmst du dir selbst die Ehre.

Verurteile nicht dein Verurteilen!

Erkenne und anerkenne, dass du ein verurteilendes Wesen bist, dass du viel verurteilt hast – dich selbst, andere und das Leben – und dass du als Mensch das Verurteilen auch nie ganz aufgeben wirst. Erlaube dir, ein verurteilendes Wesen zu sein und höre auf, dein Urteilen zu verurteilen. Sonst drehst du dich im Kreis.

Umarme das Böse in dir!

Dein Böses ist deine Tür zum Guten. Ohne Böses kein Gutes. Würdige also dein Böses und umarme es mit der ganzen Liebe und nimm es in dein Herz. Deine Liebe löst es auf. Lebe und liebe auch das Gegenteil von dem, was du wirklich bist. „Sei böse, wenn du böse bist und sei gut, wenn du gut bist. So lebst du in Frieden mit deiner Natur und mit dem Bösen und Guten in deiner Welt.“ (SAFI NIDIAYE)

Akzeptiere kein „Du sollst..."!

Lehne jedes Dogma, jeden Zeigefinger ab, jedes: „Du musst, du sollst, du darfst nicht…“ Sie sind nie wahr. Gott kennt keine Verbote. Gehe sanft mit dir um und folge nur deiner inneren Führung.

Erkenne dein EINS-SEIN mit Alles-was-Ist!

Alle Trennung ist Illusion, ist ein Spiel. Alles, was du bisher zu sein glaubtest, ist Einbildung. Du bist Gott im Menschen, das fleischgewordene Wort. Wir alle sind sein Leib. Du kannst dich dagegen wehren und leiden. Dann gehört auch das zum Spiel. Wähle es, die Wahrheit zu erfahren, dein EINS-SEIN mit Allem-was-Ist.

Ersetze Mitleid durch Mitgefühl!

Wenn jemand dir leid tut, tust du dir selbst ein Leid an und auch ihm. Das hilft weder dem Anderen, noch dir. Dein Mitleid schwächt den Anderen und macht ihn kleiner. Dein Mitleid sagt: „Du Armer!“ Sage stattdessen: „Wähle neu, Bruder/Schwester, du hast die Wahl. Ich respektiere auch deinen Weg des Leidens. Aber ich teile ihn nicht mit dir. Ich fühle deinen Schmerz, aber er ist nicht mein Schmerz.“

Erwarte das Beste!

Erwarte das Allerbeste vom Leben. Du hast es verdient, jeder hat es verdient. Je mehr du dich ehrst, je wertvoller du dich fühlst, desto mehr kann das Leben dich beschenken. Aber: „Wünsche alles, brauche nichts – und wähle, was sich zeigt."

(NEALE D. WALSCH)

Würdige den Misserfolg – Feiere dein Scheitern!

Jedes Scheitern ist eine große Erfahrung, so wertvoll wie der Erfolg. Beide sind Geschwister – höre auf, sie zu trennen. Würdige jeden sogenannten Misserfolg und ehre dich dafür. Nimm dich in den Arm und lache darüber. Das Gesamt deiner Erfahrungen ist immer Erfolg.

Lebe dein Feuer!

Wo lebst du dein Feuer? Wo brennt die Flamme deiner Begeisterung? Was tust du mit Feuer und Flamme? Lebe, brenne, flamme! Wer sein Feuer nicht lebt, den verbrennt es.

Sei nicht lau!

Sei heiß oder kalt, aber sei nicht lau! Sage JA oder NEIN, aber nicht JEIN. Mache die Dinge ganz und nicht halb. Liebe die Intensität bei allem und in allem, denn du bist das Intensivste, was es gibt. Beobachte ein Kind, ein Tier und siehe ihre Intensität.

Gönne denen, die mehr haben!

Höre auf, zu trennen. Wenn dein Bruder mehr hat als du, dann freue dich mit ihm. Aber vergleiche dich nicht mit ihm. Vergleichen tut weh, denn es bedeutet Trennung. „Me moss och jönne könne“, sagt der Rheinländer.

Gestalte die Beziehung zu dir selbst!

Die wichtigste Beziehung in deinem Leben ist die zu dir selbst. Die meisten Menschen leben für die Arbeit und für Partner und Familie und vergessen sich selbst dabei. Du bist die allerwichtigste Person in deinem Leben. Setze dich an die erste Stelle und sorge gut für dich, für deinen Körper, deine Gedanken, deine Gefühle und deine Seele. Dann bist du ein Segen für alle.

Erforsche deine Herzenswünsche!

Nimm deine Wünsche ernst, schreibe sie auf und entscheide dich für ihre Erfüllung. Beanspruche, was dein Herz glücklich macht und geh in die freudige Erwartung. Deine Wünsche sind Gottes Wünsche. Sein Wille ist dein Wille. Er wünscht durch dich. Er drückt sich aus durch dich. Er erfährt sich durch dich.

Geh durch die Trauer zur Freude!

Die Freude kommt hinter der Trauer. Wer die Trauer vermeidet, hält die Freude fern. Sage ja zur Trauer, fühle sie mit Bejahung, mit Hingabe, aber ohne Selbstmitleid. Verdrängte Trauer will erlöst werden durch deine Annahme, durch dein Fühlen. So gelangst du in die Freude.

Begrüße jede Veränderung!

Das Leben ist ständige Veränderung. Alles fließt. Nichts bleibt. Auch jede Beziehung ist eine Beziehung auf Zeit. Wenn dein Partner dich verlässt, danke ihm für die Erfahrung und lass ihn gehen. Und wenn das Leben dich ruft, dann höre seinen Ruf. Öffne dich jeden Tag dem Fluss des Lebens, der dich tragen will. Leiste keinen Widerstand. Es ist nicht die Veränderung, die schmerzt, sondern nur dein NEIN zu ihr. Sei jederzeit bereit zu Aufbruch und Reise.

Lebe den Himmel auf Erden!

Der Weg des Menschen ist der Weg aus der Hölle in den Himmel auf Erden. Wir gehen im Lebensverlauf von Unbewusstheit zu Bewusstheit, von Unfreiheit zu Freiheit, aus Unfrieden in den Frieden, aus der Angst in die Liebe, aus dem Vergessen, wer wir sind, in das ganze Erinnern dessen, wer wir wirklich sind. Das Paradies ist hier. Der Himmel ist nur ein Gedanke weit entfernt. Lebe mit dem Kopf im Himmel und mit den Füßen auf Mutter Erde.

Mache dein Leben zum Genuss-Leben!

Genieße! Genieße! Genieße! Das Kleine wie das Große. Genieße dein Atmen, dein Gehen, dein Stehen, dein Schauen, dein Fühlen, dein Denken, dein Sprechen, dein Hören. Genieße deine Lebendigkeit, das Pulsieren in deinen Zellen. Genieße das Essen und das Trinken, das Geben und das Empfangen. Genieße zu arbeiten und genieße zu ruhen. Genieße, dass du ein liebendes Wesen bist. Mache dein ganzes Leben zum Genuss-Leben.

Danke für Gottes Erbe in dir!

Danke jeden Tag für die drei großen Geschenke Gottes: Deine grenzenlose Schöpferkraft, deine unendliche Fähigkeit zu lieben und die Freiheit der Wahl! Wähle bewusst, was du aus dem Erbe Gottes machst. Sonst wählt dein Unbewusstes. Du bist kein Kind Gottes, du bist sein Erbe. Wachse in dieses Bewusstsein hinein.

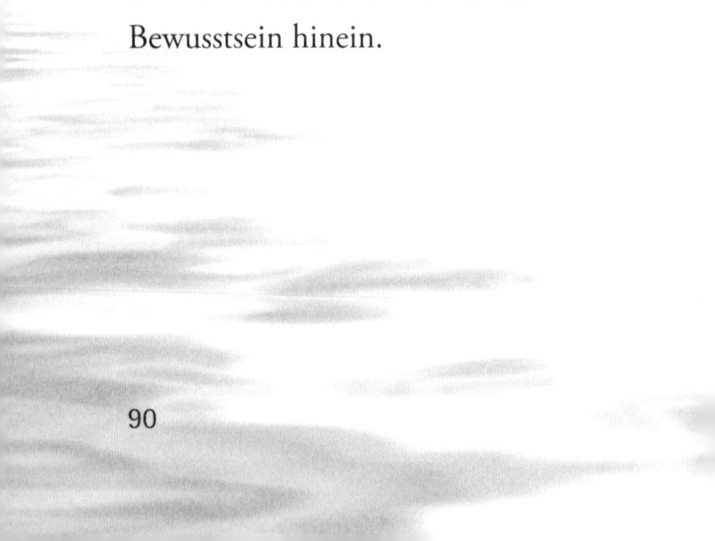

Mach dein Leben zur Feier!

Das Leben will gefeiert werden, denn das Leben selbst ist eine große Feier. Alles feiert sich – von der strahlenden Schönheit einer Feldblume bis zur Sternschnuppe, von der Welle des Meeres bis zur Stille des Teiches im Garten. Schließe dich dieser Feier an und mache jeden Tag zu einer feierlichen Angelegenheit. Feiere dich und das Leben, das sich durch dich ausdrückt.

Zu meinem Weg

Die meiste Zeit meiner ersten Lebenshälfte – bis zu meinem 42. Geburtstag – habe ich ein weitgehend unbewusstes Leben geführt. Mit den Eltern der Kindheit verstrickt, versuchte ich, durch Fleiß und Disziplin die Anerkennung von Vorgesetzten zu erhalten. Erfolg war für mich durch Leistung und ein gutes Gehalt definiert. Aber glücklich war ich damit nicht.

Nächtliche Angstattacken, verbunden mit dem Gefühl des Nicht-Genügens und der Minderwertigkeit, zwangen mich zur Umkehr und zur Frage: „Was willst du wirklich? Was macht dir wirklich Freude?“ Ich entschied mich herauszufinden, was mich glücklich macht. So entdeckte ich mein Talent, lebendige Vorträge zu halten und scheinbar schwierige Zusammenhänge verständlich und unterhaltsam zu erläutern.

Meine Vorträge nutze ich, um mir selbst meine vielen Fragen an das Leben zu beantworten. Da andere Menschen dieselben Fragen haben, kommen sie zu meinen Vorträgen –

und haben Freude daran. Denn meine Vorträge berühren Herz und Verstand gleichermaßen. So kamen und kommen immer mehr Menschen. Was ich tue, tue ich voll und ganz, mit Hingabe und Feuer. Hierbei jubelt mein Herz. Und das steckt an.

In meinen Seminaren entdeckte ich, dass wir alle das gleiche Thema haben und sehr ähnliche Wege gehen. Die Liebe und das Lieben sind für mich das zentrale Thema im Leben. Die Liebe zu uns selbst, zu allen Menschen und zu Gott – der das Leben und die Liebe ist, das Alles-was-Ist. Alles ruft nach Liebe. Alles will mit größter

Liebe getan sein. Was ohne Liebe ist, vergeht; was aus der Liebe entsteht, bleibt. Wenn es eine Lebensaufgabe gibt für uns, dann heißt sie: Uns selbst, alle anderen und das Leben selbst, d.h. Gott/Göttin aus ganzem Herzen lieben zu lernen und die Liebe zu sein, die jeder von uns von Natur aus ist.

Robert Betz

QUELLENHINWEISE:

Gibran, Khalil: Der Prophet, Patmos, 2006

Nidiaye, Safi: Die Stimme des Herzens, Bastei-Lübbe, 2000

Walsch, Neale D.: Gespräche mit Gott, Band 1, Goldmann, 1997

Vorträge auf CD

von ROBERT BETZ

BEZIEHUNG & PARTNERSCHAFT

- **Wahre Liebe läßt frei!**
  Worin sich Partner chronisch täuschen und dann enttäuscht werden
- **Wer liebt, der leidet nicht!**
  Warum Liebespartner sich das Leben oft so schwer machen
- **Sex mit Herz**
  Die Lust am Körperlichen in Liebe feiern lernen
- **Warum Partner fremd gehen**
  Über Untreue, Eifersucht, Sex und Liebe
- **Männer – das schwache Geschlecht?!**
  Warum Frauen an Männern (fast) verzweifeln
- **Frauen – das starke Geschlecht?!**
  Warum Männer Frauen kaum verstehen

ERFOLG & FÜLLE

- **Willkommen Fülle!**
  Die Schlüssel zu Erfolg, Wohlstand und Lebensglück
- **Pinke, Kohle, Mäuse...**
  Der Weg vom Mangel zur Fülle
- **Das Ende der Konkurrenz**
  Von Ich-AG und Ego-Wahn zu einem neuen Gemeinschaftsbewußtsein
- **Das Herz führt immer zum Erfolg**
  Wie du Erfolg, Wohlstand und Glück in dein Leben ziehst
- **Tu das, was du zu tun liebst!**
  Vom Sinn der Arbeit und vom Unsinn der Freizeit
- **"Ich muss es schaffen!"**
  Über Leistungsdruck, Erfolg und Lebenserfüllung

DAS LEBEN NEU GESTALTEN

- **Raus aus den alten Schuhen**
  Wie du dein neues Leben erschaffst
- **Ein neues Jahr voller Möglichkeiten**
  Wie meine Träume wahr werden!

- **Lass dich tragen vom Fluss des Lebens**
  Eine Anleitung zu einem Leben in Leichtigkeit
- **Mit Entschiedenheit in ein neues Jahr**
  Wie du mit bewussten Entscheidungen dein Lebensglück erschaffst
- **Bring Ordnung in dein Leben!**
  Denn Ordnung ist das erste Gesetz des Himmels
- **Was bringt dein Herz zum Singen?**
  Ein Kurzlehrgang im Erschaffen von Freude

SELBSTLIEBE & LEBENSFEIER

- **Kümmer' dich endlich um das Wesentliche – um dich selbst!**
- **Mich selbst lieben lernen**
  Selbstwertschätzung und Selbstliebe als Grundlage glücklichen Lebens
- **Lebe dein Leben – sei du selbst!**
  Vom Lamm zur Löwennatur erwachen
- **Willst du normal sein oder glücklich?**
  Mut schöpfen für deinen ganz eigenen Weg
- **Leben statt gelebt werden**
  Warum das wirkliche Leben ab ca. 50 beginnt
- **Mach endlich was aus deinem Leben!**
  Wie finde ich Sinn und Erfüllung in meinem Leben?

KONFLIKTE & KRISEN BEWÄLTIGEN

- **Das Ende aller Probleme!**
  Einführung und praktische Anleitung zu "The Work" nach Byron Katie
- **Erkenne dich in den Spiegeln deines Lebens!**
  Die Spiegelgesetze verstehen und anwenden lernen
- **Warum hast du's nicht leicht?**
  Entdecke die Wahrheit und du bist frei
- **Mein Leben meistern in unsicherer Zeit**
  Gedanken zu einer neuen Lebensführung
- **Echte Freiheit kommt immer von innen**
  Wie wir uns selbst einsperren und auch befreien können

UMGANG MIT GEFÜHLEN

- **Angst, Wut, Schmerz in Freude verwandeln**
  Vom Umgang mit unangenehmen Gefühlen
- **Die Zeit heilt keine Wunden**
  Verletzungen verstehen und überwinden
- **Muß ich mir das bieten lassen?**
  Vom Umgang mit meinen "Arsch-Engeln"
- **Fürchtet euch nicht ...**
  Woher Ängste kommen und wie wir sie überwinden

SPIRITUALITÄT & GOTT

- **Warum "Spirituelle" später in den Himmel kommen**
  Über Liebe, Spiritualität und den Weg nach Hause
- **Umarme das Böse in dir!**
  Die Trennung in ‚gut' und ‚böse' und was die Liebe dazu sagt
- **Ach, du lieber Gott!**
  Vom Gott jenseits der Kirchen und Kanzeln
- **Wo komme ich her, wo gehe ich hin, was soll ich hier?**
  Über Lebenssinn, Schicksal und Reinkarnation

VERGANGENHEIT & FAMILIE

- **Ohne deine Vergangenheit bist du sofort frei!**
  Wie wir das Gestern loslassen können
- **Die Mutter deiner Kindheit –**
  die größte Tür zu deiner Freiheit!
- **Der Vater deiner Kindheit –**
  die Tür zu deiner Freiheit!
- **Kinder, Kinder!**
  Wonach sich Kinderseelen sehnen

KÖRPER & GESUNDHEIT

- **Was will mir mein Körper sagen?**
  Krankheiten und Körpersymptome als Botschaften der Seele verstehen
- **Pfundig, Pfundig!**
  Leicht und schlank nur über die Seele

Meditationen auf CD

von ROBERT BETZ

- **Meditationen und Gebete am Morgen**
  Anleitungen für den bewussten Beginn eines neuen Tages
- **Meditationen und Gebete am Abend**
  Anleitungen für einen bewussten Tagesabschluss
- **Meditationen für den Alltag**
  Zwei geführte Meditationen für Herzöffnung und spirituelles Wachstum
- **Meditationsreisen in Baum und Mutter Erde**
  Zwei geführte Meditationen der Reinigung, Kräftigung und Heilung
- **Nimm deinen Thron wieder ein**
  Zwei geführte Meditationen in deine göttliche Größe und Macht
- **Die Mutter meiner Kindheit**
  Eine Begegnung mit ihr für Klarheit, Frieden und Freiheit
- **Der Vater meiner Kindheit**
  Eine Begegnung mit ihm für Klarheit, Frieden und Freiheit
- **Befreiende Begegnung mit Urvätern und Urmüttern**
  Geführte Meditation zur Heilung von Familien-Themen und zur Kraftquelle deiner Ahnen
- **Eltern helfen ihrem Kind**
  Geführte Meditation zur Heilung deines Kindes und der Eltern-Kind-Beziehung
- **Die Beziehung zu Partner und Expartner klären und heilen**
  Geführte Meditation für glückliche Beziehungen
- **Der Mann und die Frau in dir**
  Drei geführte Meditationen zum inneren Wesen deines Männlichen und Weiblichen

- **Negative Gefühle in Freude verwandeln**
  Geführte Meditation zur Befreiung von Angst, Wut, Scham & Co.
- **Befreie und heile das Kind in dir**
  Geführte Meditation zur Verwandlung deines inneren Kindes
- **Zeugung, Schwangerschaft und Geburt**
  Den Beginn deines Lebens durch Liebe wandeln
- **Ärger, Wut und Hass in Frieden verwandeln**
  Wie wir aus unangenehmen Emotionen Kraft und Freude schöpfen können
- **Schluss mit Hetze, Druck und Stress**
  Geführte Meditation zur Entlassung deines inneren Antreibers und Kritikers
- **Mich von Altem, Begrenztem befreien**
  Zwei geführte Meditationen zur Reinigung von Emotionen und zur Auflösung alter Schwüre
- **Mir selbst vergeben, mich selbst annehmen**
  Begegnung mit mir selbst in meinem inneren Raum
- **Chakrenreinigung mit den Erzengeln**
  Geführte Meditation zur Klärung deines Energiesystems
- **Harmonie und Balance in dir**
  Eine Meditation zur Klärung, Heilung und Integration deiner vier Körper
- **Deinen Körper durch Liebe heilen**
  Wie unser Körper gesund wird und bleibt
- **Abschied nehmen von einem geliebten Menschen**
  Geführte Meditation zur Bewältigung von Verlusten geliebter Menschen
- **Frieden mit meinen "Arsch-Engeln"**
  Verstrickte und zerstrittene Beziehungen verstehen und verwandeln

- **"Wenn ich morgen sterben müßte ..."**
  Geführte Meditation und Anleitung zur Zwischeninventur deines Lebens

- **Befreiung von Kirche und Religion**
  Geführte Meditation zur Lösung aus Angst, Schuld, Scham, Sünde u.a.

- **Deine Grosseltern und Eltern**
  Begegnungen für Klarheit, Frieden und Freiheit

- **"Ich hatte keinen Vater"**
  Meditationen, deinen Erzeuger kennen und lieben zu lernen

- **Runter von den Pfunden**
  Ein Meditationsprogramm für Schwergewichtige

- **Meditationen für Autofahrer**
  Im Stau und auf dem Weg zum und vom Arbeitsplatz

- **Frieden mit meinem Bruder oder meiner Schwester**
  Eine Begegnung für Klarheit, Frieden und Freiheit

Seminare
mit ROBERT BETZ

Robert Betz bietet jährlich eine Vielzahl von Seminaren in Deutschland und in Griechenland an. Hierzu zählen u.a.:

- **Tagesseminare**
  zu verschiedenen Themen
- **Die Transformationswoche**

Transformationswoche spezial:
- **Wahre Liebe XXL**

Transformationswoche spezial:
- **Erfolg & Fülle XXL**
- **„The Work"** nach Byron Katie
- **Raus aus den alten Schuhen!**
- **Friedensseminar**

Ausbildung und Intensiv-Training in
- **Transformations-Therapie**

Urlaubsseminare auf der griech. Insel Lesbos:
- **Mich selbst und das Leben lieben lernen**

Kontakt
und INFORMATION

Büro Robert Betz

Sonnenstr. 1 · D-80331 München
Tel.: 089 / 512 661-888 · Fax: -898
Email: info@robert-betz.de
Email persönlich: robert-betz@robert-betz.de
www.robert-betz.de

Bei Interesse bitte anfordern

- Aktueller Kalender der Live-Vorträge mit Robert Betz
- Aktuelle Seminarbroschüre
- Katalog mit Vorträgen und Meditationen auf CD
- Katalog empfohlener Bücher
- Katalog Urlaub & Seminar auf der griechischen Insel Lesbos
- Broschüre "Ausbildung in Transformations-Therapie"

Über alle Angebote finden Sie ausführliche Informationen unter **www.robert-betz.de**

Bücher

von ROBERT BETZ

206 Seiten, geb., 14,95 Euro
mit Live-Vortrag des Autors auf CD

BEGLEIT-ÜBUNGS-CD
Schlüsselgedanken
zur Selbsterforschung
60 Min., 12,95 Euro

Bestseller

von ROBERT BETZ

mit Live-Vortrag des Autors auf CD
270 Seiten, geb., 17,95 Euro
erschienen: Mai 2008
verkaufte Auflage bis Okt. 2009: 35.000 Ex.

Bestseller

von ROBERT BETZ

mit Live-Vortrag des Autors auf CD
350 Seiten, geb., 19,95 Euro
erschienen: Juli 2009
verkaufte Auflage bis Okt. 2009: 20.000 Ex.

Ankündigung

mit Live-Durchgabe der Geistigen Welt auf CD
ca. 450 Seiten, geb., ca. 21,00 Euro
erscheint: Ende Januar 2010
jetzt vorbestellbar